Willkommen in der
Zeitreisemaschine der
Grundschule Burgweinting!

AF280548

Antike
(ca. 800 v. Chr. - 500 n. Chr.)

Mittelalter
(ca. 500 - 1500)

Informationsschatz

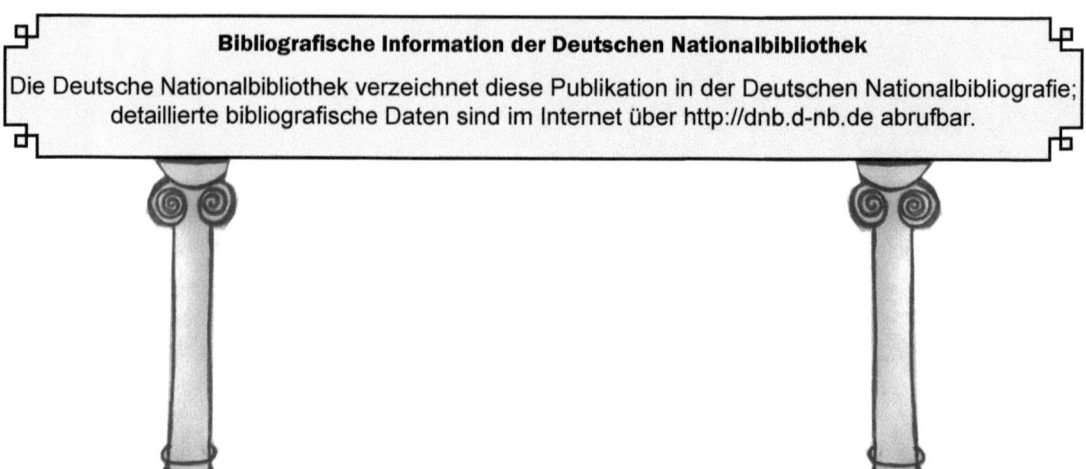

Bibliografische Information der Deutschen Nationalbibliothek

Die Deutsche Nationalbibliothek verzeichnet diese Publikation in der Deutschen Nationalbibliografie; detaillierte bibliografische Daten sind im Internet über http://dnb.d-nb.de abrufbar.

Besonderer Hinweis
Das Werk einschließlich aller seiner Teile ist urheberrechtlich geschützt. Jede Verwertung außerhalb der Bestimmungen des Urheberrechtsgesetzes ist ohne schriftliche Zustimmung des Verlags unzulässig und strafbar. Dies gilt insbesondere für Vervielfältigungen, Übersetzungen, Mikroverfilmungen und die Einspeicherung und Verarbeitung in elektronischen Systemen.

Haftungsausschluss
Alle Angaben in diesem Buch wurden gründlich recherchiert. Für eventuelle Fehler übernehmen weder AutorInnen noch Verlag eine Haftung, alle Angaben erfolgen ohne Gewähr. Sollten sich trotz sorgfältiger Korrektur Fehler eingeschlichen haben, erbitten wir weiterführende Hinweise darauf. Wenden Sie sich in diesem Fall bitte schriftlich an den Verlag.

Markenschutz
Dieses Buch enthält eingetragene Warenzeichen, Handelsnamen und Gebrauchsmarken. Wenn diese nicht als solche gekennzeichnet sein sollten, so gelten trotzdem die entsprechenden Bestimmungen.

1. Auflage, Februar 2015
© 2015   edition riedenburg
Anschrift   edition riedenburg, Anton-Hochmuth-Straße 8, 5020 Salzburg, Österreich
E-Mail   verlag@editionriedenburg.at
Internet   editionriedenburg.at

Lektorat   Johann Leitner

Bildnachweis
Cover: Bemalte Kinderhand © Sunny studio - Fotolia.com; Foto Elisabeth Doetter © Dorothea Doetter
Fotos im Buchblock und Fotomontagen © Elisabeth Doetter

Umschlaggestaltung, Satz und Layout: edition riedenburg
Herstellung: Books on Demand GmbH, Norderstedt

ISBN 978-3-902943-88-0

Inhalt

Diese 8 Spürnasen der Grundschule Burgweinting (bei Regensburg) wollten wissen, wie die Innenseite der Außenseiter aus-sieht, und haben sich auf eine Zeitreise zur linken Hand begeben. Sie sind in historischen Fragestellungen schon ein wenig geschult und alle Mitglieder der „AG Heimatgeschichte" ihrer Schule. Kein Wunder also, dass sie so viel herausge-funden haben!

Wir sind die
8 Spürnasen!

Glaubst du
du bist noch zu klein
um große Fragen zu stellen?

Dann kriegen
die Großen
dich klein
noch bevor du
groß genug bist.

Erich Fried

Gesammelte Werke. Gedichte 2,
hrsg. v. Volker Kaukoreit und Klaus
Wagenbach, Berlin 1993, S. 522.

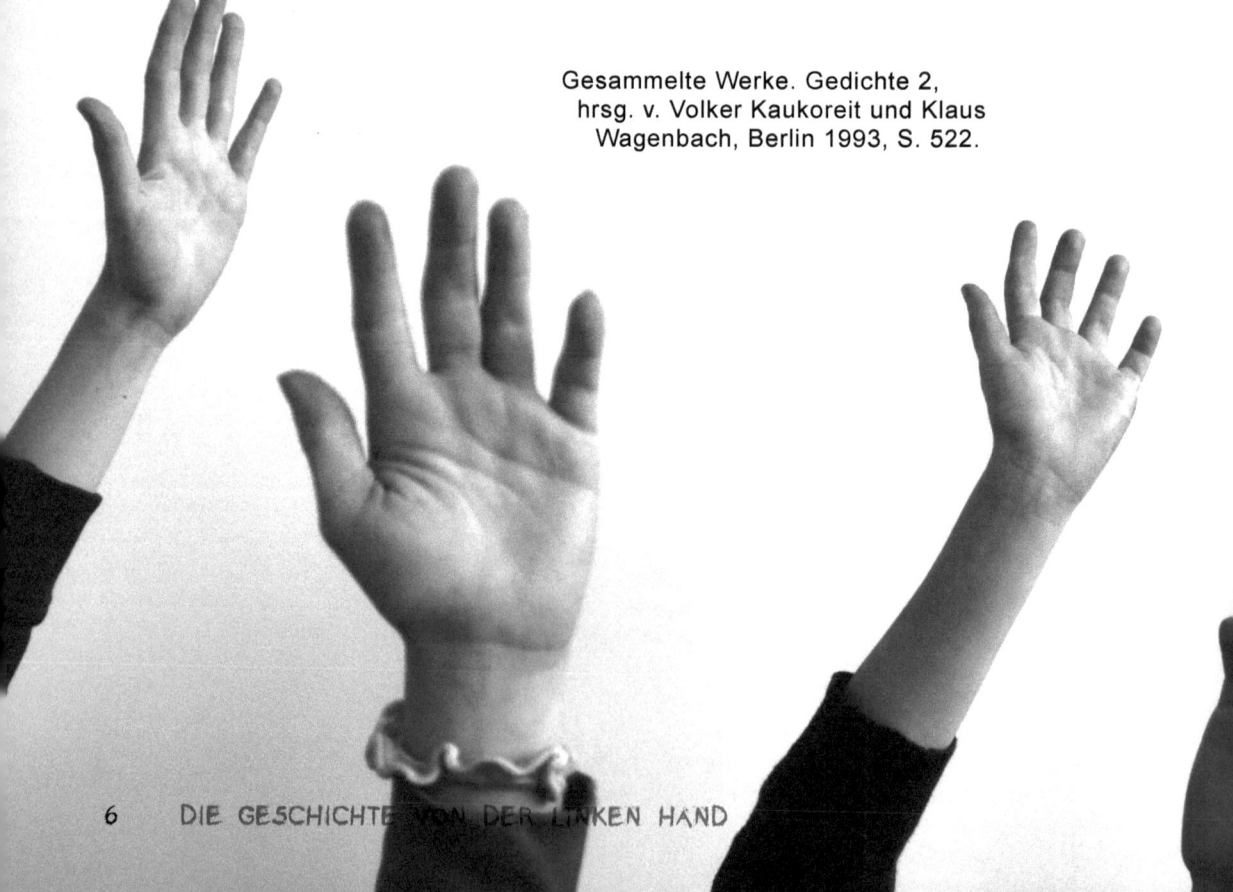

Hallo, du da! Ja, genau du!

Sag bloß, du hast noch nichts von uns gehört? Wir sind die 8 Spürnasen, über Burgweinting und Regensburg hinaus bekannt!

Dürfen wir uns vorstellen? Wir heißen

**Kai, Lisbeth, Paul,
Lea, Svenja, Tobias,
Alexandra und Jinan.**

Du musst wissen, wir sind nicht irgendwelche Spürnasen, sondern die Geschichtsspürnasen. Wir sind zwar noch recht klein, aber zusammen scheuen wir kein Abenteuer. So einige Missionen rund um historische Ereignisse und Personen haben wir gemeinsam schon erfüllt. Doch unseren Schwerpunkt legen wir in der Tat auf die Erkundung des Alltags in Vergangenheit und Gegenwart. Geschichte vor Ort, das ist es, was uns interessiert!

Selbst so einige Hürden und Stolperfallen überwinden wir mit links. Mit links? Da war doch was. Nicht alle Menschen verbinden damit Leichtigkeit und Kinderspiel.

So zum Beispiel die Linkshänder, die sich manches Mal dumme Sprüche anhören müssen. Oder Schlimmeres.

Wie wir das meinen? Jetzt kitzelt bestimmt auch deine Spürnase! Am besten, du kommst mit auf Zeitreise. Lass uns die Geschichte der linken Hand entdecken!

Das Abenteuer kann beginnen ...

Mach dich bereit, die Reise führt uns 100, 200, 300, sogar 1000, nein, über 4000 Jahre zurück in die Geschichte.

4000 v.Chr. – 332 v.Chr.

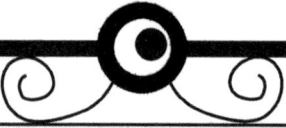

Meint ihr, ich, Lisbeth, bin nur zum Sandkörnerzählen ins Alte Ägypten gereist? Da täuscht ihr euch aber gewaltig! Passt gut auf, ich habe so einiges über Linkshänder in jener Zeit von 4000 v.Chr. bis 332 v.Chr. herausgefunden.

Im Alten Ägypten konnte nur ein geringer Teil der Bevölkerung schreiben. Stellt euch vor, von 100 Ägyptern, die ich traf, besaßen nur drei bis vier Personen diese Fähigkeit. Jedoch fanden weder bekannte Forscher noch ich Hinweise darauf, ob Linkshänder gezwungen wurden, mit der rechten Hand zu schreiben.

Erstaunlicherweise sind aber auf Wandmalereien oder Gefäßen fast nur Rechtshänder abgebildet. Natürlich wollte ich noch mehr über diese Zeit herausfinden, so befragte ich eine Linkshänder-Expertin.

Ich erfuhr, dass die Ägypter den Sonnengott Re verehrten. Sie richteten ihren Alltag nach dem Stand der Sonne. Diese geht bekanntlich im Osten auf. Naja, da kitzelt nun gewiss auch eure Spürnase. Genau! Vielleicht wurden aufgrund des Sonnenverlaufs den beiden Seiten rechts und links bereits zu dieser Zeit gute und schlechte Eigenschaften zugeschrieben, und die linke Hand ist nun einmal nicht auf der göttlichen Seite festgewachsen ...

Ihr werdet nicht glauben, mit welchen berühmten Persönlichkeiten ich, Tobias, Bekanntschaft schließen durfte!

Ich will euch nicht länger auf die Folter spannen. In der Antike, ca. 800 v.Chr. bis 500 n.Chr., traf ich im Alten Rom auf den Schriftsteller Plinius Secundus den Älteren. Er war davon überzeugt, dass die Mädchen im Bauch der Mutter auf der linken Seite liegen, die Jungen jedoch auf der rechten.

Damals galt die rechte Hand als stark, kraftvoll, geschickt, gut und geübt. Bei manchen Personen war dies laut Plinius jedoch auch umgekehrt. Dies galt bei Frauen jedoch als unmöglich.

Neben Plinius Secundus dem Älteren durfte ich noch einen weiteren bekannten Mann dieser Zeit kennenlernen: Homer. Er stammt aus dem antiken Griechenland. Homer sprach: „[...] allein zwei Lanzen zugleich warf Asteropeis, der Held, der rechts mit jeglicher Hand war."

Du siehst, rechts war etwas ziemlich Besonderes. Und die Linke führte ein Schattendasein.

Mittelalter

„Non scholae, sed vitae discimus!" – Siehst du, bereits die Schüler in der Zeit von 500 bis 1500 n.Chr. bekamen die bekannte Formel „Nicht für die Schule, sondern für das Leben lernen wir!" zu hören.

Auf meiner Zeitreise fand ich, Alexandra, heraus, dass im Mittelalter nur wenige Kinder in die Schule gingen. Und wenn, dann nur in Klöster.

Liebe Spürnasen, jetzt hört genau zu! Wer sich damals nicht richtig benahm oder womöglich mit der linken Hand schrieb, musste eine Eselskappe aufsetzen! Mit der wurde man ganz schnell zum Gespött der anderen.

Und selbst auf Jesusabbildungen – dem sogenannten Weltgericht vor allem – waren linkerhand böse und rechterhand gute Wesen und Mächte gezeichnet.

Wenn du das nächste Mal an einer Kirche vorüber oder in sie hineingehst, nimm dir kurz Zeit und sieh dir das Kirchenportal oder ein Jesusgemälde genau an.

Ich bin mir sicher, du erkennst den Unterschied zwischen rechts und links!

15. und 16. Jahrhundert

Wo bin ich, Kai, denn hier gelandet? Ich wollte doch mehr über die Renaissance, das 15. und 16. Jahrhundert, erfahren.

Hmh, sieht irgendwie ganz so aus, als hätte ich einen kurzen Abstecher in die Antike gemacht ... Aber nein! Wichtige Merkmale dieser Epoche, der Wiedergeburts-Epoche, sind ja die Erinnerung und das Wiederaufgreifen von antiken Ansichten.

Naja, nicht alles ist nur nachgemacht: Es scheint, als habe die ganz bewusste Unterscheidung zwischen Links- und Rechtshändern hier ihren Ursprung. Aber vieles lehnte sich an die Antike an.

Zum Beispiel die Vorstellungen von Pythagoras und seinen Schülern. Sie sahen in der Welt viele Gegensatzpaare. Zum Beispiel Mann und Frau, gut und böse, aber auch rechts und links. Links galt als unglücksbringend.

Etwas Sonderbares fand ich dann auch noch heraus: In der Antike gab es kein eindeutiges Wort für „links". Man verwendete den Begriff „sinistre" – dies bedeutete so viel wie „schlecht", „unheilvoll" und „gefährlich". So kam es, dass sich die Ansichten der Renaissance an die Vorstellungen der Antike anpassten.

1930er Jahre

Vorkriegszeit

Meine Zeitreise führte mich, Lea, an den Anfang des letzten Jahrhunderts. Auf der Lauer nach Informationen erfuhr ich, dass alle Kinder, egal wie alt sie waren, in eine Klasse gingen. Die älteren Kinder mussten den jüngeren Mädchen und Jungen helfen und ihnen beim Schreiben die Hand führen. Da ahnte ich schon, was das für die Linkshänder bedeutete.

Ich stieß zudem auch auf ein geheimnisvolles, sehr staubiges „Handwörterbuch zur deutschen Volkskunde", darin auf eine „Abteilung I, Aberglaube" aus dem Jahre 1930/1931. Ganz vorsichtig strich ich mit meinen Fingern über die scheinbar verschlüsselte alte Tintenschrift. Langsam entzifferte ich die einzelnen Buchstaben: „Der Rechtshänder ist eine normale Person, denn die rechte Hand ist lieb, schön und gold."

Was mochte dies wohl bedeuten? Waren Linkshänder also nicht normal? Man wollte wohl eine gewisse Gleichheit herstellen, ohne die einzelnen Personen so anzunehmen, wie sie waren. Die Linkshänder mussten sich der rechtshändigen Welt, in der sie lebten, unterordnen, so stand es auch in einem deutschen Lehrplan von 1907.

1950er Jahre

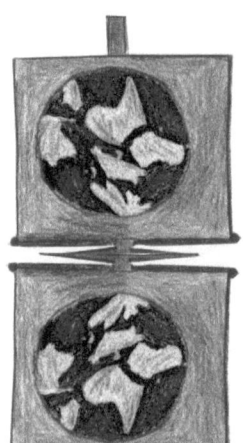

Ich, Svenja, setzte die weite. Reise fort, um schon bald Informationen aus den Nachkriegsjahren zu sammeln. Dabei stand mir mit Rat und Tat eine Zeitzeugin zur Seite, die sich noch genau an jene Zeit erinnern konnte.

Sie erzählte, dass vor 65 Jahren der Unterricht sehr streng war. Die Schüler mussten dem Lehrer gehorchen. Wenn sie das nicht taten, wurden ihnen die Ohrläppchen langgezogen, sie bekamen Schläge mit dem Lineal oder mussten sich in eine Ecke stellen.

Bei der Einschulung erhielten die Kinder Tafel, Kreide und Schwamm. Hefte gab es in der Regel nicht, denn sie waren sehr kostbar. Als die Schülerin älter war, durfte sie mit einem Federhalter schreiben. Als Linkshänderin aber wurde sie häufig ermahnt: „Gib mir die schöne Hand!" Folgte sie nicht, gab es harte Strafen. Eine Erklärung für dieses Vorgehen konnte ihr niemand geben.

Dennoch hegt die Zeitzeugin eine Vermutung, die sie mir erläuterte: „Diejenige Eigenschaft, welche bei der Mehrzahl an Personen auftritt, gilt als normal. Weil Linkshänder stets in der Minderheit waren, sollten sie der Mehrheit angepasst werden."

1970er Jahre

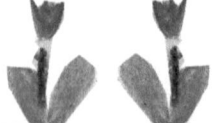

Seid ihr bereit für eine Reise 45 Jahre in die Vergangenheit? Kommt mit! Ich, Jinan, habe so einiges zu berichten, denn auch für diese Zeit habe ich wieder eine Zeitzeugin gefunden.

In jenen Jahren wurden Linkshänder häufig als ungeschickt und tölpelhaft bezeichnet. Niemand wollte in dieser Rechtshänderwelt auffallen. Und die Lehrer waren überzeugt, dass es besser sei, Linkshänder umzuschulen. Man brachte ihnen also bei, alles mit rechts zu machen.

Aber für viele Linkshänder fühlte sich das ganz falsch an. Mit rechts schreiben, schneiden oder einen Löffel halten – das war ganz schön anstrengend. Die Zeitzeugin wusste jedenfalls genau, woher die Überzeugung, dass links schlecht sei, kam:

Das Wort „links" stammt vom Mittelhochdeutschen „linc" ab und bedeutet „lahm". Und um dieses Wort rankten sich viele Redewendungen, die man sogar heute noch kennt: „Mit dem linken Fuß aufstehen" zum Beispiel oder „ein linkes Spiel treiben".

„Und auch in den 1970ern wurde keinesfalls an solchen Redewendungen gespart", vertraute mir die Zeitzeugin an.

Bestimmt weißt du so gut wie ich, Jinan, dass Deutschland nicht immer so aussah wie heute. Von 1949 bis 1990 war das Land geteilt in die Bundesrepublik Deutschland (BRD) und die Deutsche Demokratische Republik (DDR).

In der DDR gab es natürlich auch Linkshänder. Sauberkeit, Disziplin und Aufmerksamkeit waren in den Schulen der DDR sehr wichtig.

Bis vor etwa 30, 40 Jahren galten Linkshänder häufig als unnormal, so auch in der DDR. Sie mussten sich der Klassengemeinschaft und den Regeln anpassen. Das erklärte mir jedenfalls die Zeitzeugin, die sich aber auch noch erinnern konnte, dass niemand mehr mit Zwang umgelernt wurde.

Doch die Gesellschaft war für Rechtshänder ausgelegt, es gab auch kaum spezielle Gebrauchsgegenstände – beispielsweise Füller, Schere oder Kartoffelschäler – für Linkshänder.

Da passten sich viele Linkshänder lieber schnell an.

Heutzutage

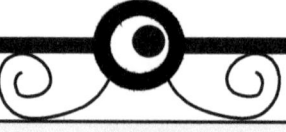

Bist du bereit für die Gegenwart? Du denkst wahrscheinlich: Heute ist das alles anders. Da benutzt jeder die Hand, die er mag.

Aber pass auf, was ich, Paul, herausgefunden habe:

Ich steckte meine Spürnase in einige Zeitungen und fand heraus, dass es so einfach gar nicht ist. Insbesondere im Bereich der Musik. Denn bei einem Orchester sind linkshändige Musiker häufig unbeliebt. Sie stören die äußere Form und können eine Verletzungsgefahr für rechtshändige Musiker sein. Da kommt man sich nämlich leicht in die Quere!

Aber auch im Instrumentalunterricht haben Rechtshänder so einige Vorteile. Beispielsweise beim Gitarrespielen. Stell dir doch mal vor: Der Lehrer hält seine Gitarre zumeist genauso, wie es die Lehrbücher vorgeben. Und Bücher und Lehrer unterrichten für die Mehrheit – für Rechtshänder also.

Es gibt zwar Linkshändergitarren, jedoch stellt sich die Frage, werden sie überhaupt genutzt?

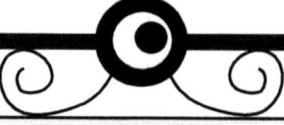

Heutzutage

Nun weißt du schon so einiges über Linkshänder, bist mit mir durch viele Epochen gereist. Doch wie sieht es mit der Händigkeit in den Klassenzimmern von heute aus? Ich, Paul, habe folgende Spuren entdeckt:

In Deutschland gibt es etwa zehn Millionen Menschen, die Linkshänder sind. Das ist mehr als jeder zehnte Einwohner. Und trotzdem: Wir leben in einer Welt für Rechtshänder. Denke bloß einmal ans Autofahren oder an einen gedeckten Tisch. Die Schalthebel sind stets an der rechten Seite. Das Besteck liegt immer passend für Rechtshänder bereit.

Aber etwas hat sich verändert: Linkshänder dürfen nicht mehr gezwungen werden, mit rechts zu schreiben. Das ist so, weil man vor etwa 20 Jahren herausgefunden hat, welche schlechten Folgen das Umlernen hat. Aber erst ab dem Lehrplan aus dem Jahr 2000 wurde zum Beispiel in Bayern die Händigkeit im Lehrplan berücksichtigt. Nun steht dort sinngemäß: Jeder ist anders, niemand ist gleich. Jeder hat das Recht, mit der rechten oder linken Hand schreiben zu lernen und zu schreiben. Linkshänder sollen sogar ermutigt werden, so zu arbeiten, wie es für sie passt.

Ende

Puh, das war ja mal wieder eine aufregende Zeitreise. Für deine erste Mission mit uns Spürnasen hast du dich ziemlich wacker geschlagen!

Über das Alte Ägypten, die Antike, das Mittelalter und die Renaissance führte uns die Reise bis in die Neuzeit. Die Geschichte der linken Hand hat selbst in der Gegenwart noch kein Ende gefunden.

Wir konnten auf der Reise nicht nur so einiges über Linkshänder und ihre Geschichte, sondern auch über uns selbst erfahren. Nämlich: Es ist normal, verschieden zu sein.

Irgendwie wäre es doch auch langweilig, wenn wir alle gleich wären. Findest du nicht auch?

Nur ein Rätsel aber ist bis heute ungelöst: Wie wird man eigentlich Rechts- oder Linkshänder? Das könntest du ja selbst erforschen.

Schön, dass du uns begleitet hast! Bis zum nächsten Mal!

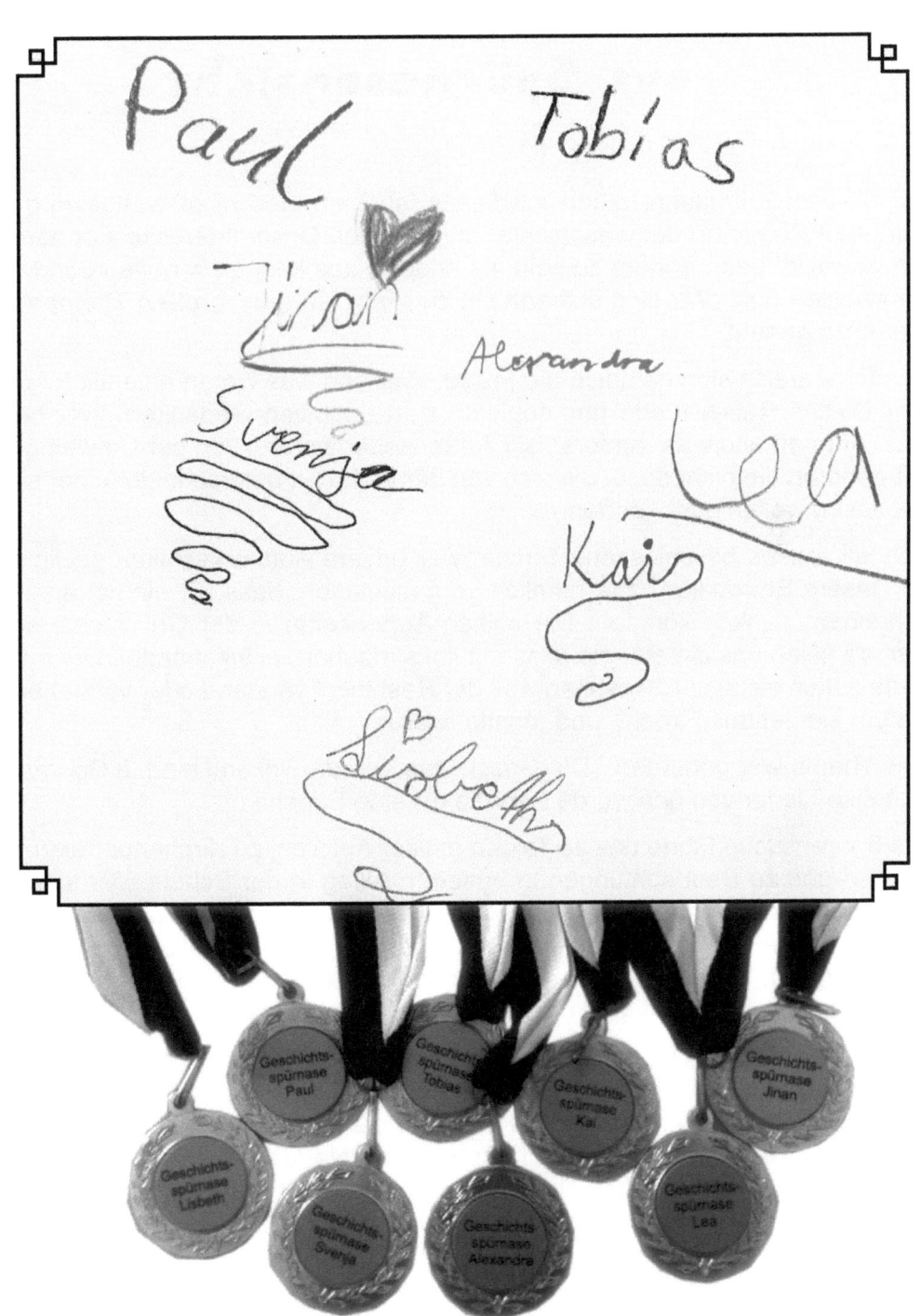

Anregungen für Schüler aus Spürnasensicht

Wir, die acht Spürnasen, haben uns dieses Jahr beim Geschichtswettbewerb „Anders sein. Außenseiter in der Geschichte" angemeldet. Unser Interesse war nämlich sofort geweckt, denn anders zu sein als andere, das kennen wir alle irgendwie. Und wir dachten uns: „Wir sind sicher nicht zu klein, um auch großen Themen auf den Grund zu gehen!"

Zunächst stellte sich natürlich die Frage: Wer und was waren eigentlich Außenseiter? Dieses Rätsel führte uns sogleich zum nächsten Gedanken: Wer bestimmt, was „normal" und was „anders" ist? Außenseiter werden von der Umwelt gemacht. Oft gehören die nicht dazu, die sich von der Mehrheit unterscheiden oder sich nicht anpassen wollen oder können.

Schnell war es beschlossene Sache, wer unsere Aufmerksamkeit gewinnen sollte. Unsere Betreuerin hatte nämlich vorgeschlagen, dass wir einmal ans „Anders schreiben" denken könnten. Die sollten Außenseiter in der Geschichte sein? Na klar, da fielen uns die ein, die alles mit links machen – Linkshänder. Über Jahrhunderte galten sie als Außenseiter, weil der Rest nicht verstand oder verstehen wollte, warum sie genauso „recht" und „richtig" waren.

Das Thema war gefunden: „Die Geschichte von der linken Hand. 8 Spürnasen auf Zeitreise" Jeder von uns wurde Experte für eine Epoche.

Die Spurensuche führte uns zu Texten antiker Autoren, zu Kirchenportalen, zu Zeitzeugen und zu Beobachtungen in unserem Alltag in der Schule. Wir steckten unsere Spürnasen aber auch in so einige Lexika verschiedener Epochen, untersuchten Lehrpläne und lasen aktuelle Zeitungsartikel. Weil das alles aber ganz schön schwierig war, haben wir auch noch Experten befragt, die sich schon lange mit der Linkshändigkeit beschäftigen und ganz viel darüber wissen.

Getreu dem Motto „Das machen wir doch mit links!" haben wir als Erstes den Ursprung des Begriffs „links" aufgespürt und damit auch das Rätsel um so manche Redewendung gelüftet. Wer konnte uns aber die Frage "Wie fühlt(e) es sich wirklich an, anders zu sein?" am besten beantworten? Na klar, das waren die, die schon vor uns die Schule aus dem linken Ärmel geschüttelt hatten. Man nennt sie auch Zeitzeugen. Das sind Menschen, die aus ihrer Zeit erzählen. Sie berichten von ihren Erlebnissen in der Vergangenheit.

Natürlich durften wir nicht vergessen, dass es persönliche Erlebnisse sind, von denen unsere Zeitzeugen berichtet haben. Diese Erinnerungen stellen nur eine Sicht auf die Vergangenheit dar. Andere Menschen haben vielleicht ganz andere Erfahrungen gemacht. Wir konnten jedenfalls sechs Personen aus verschiedenen Generationen befragen.

Aus allen gesammelten Informationen haben wir dieses spannende Zeitreisebuch gemacht, das die Geschichte der Linkshändigkeit in Bildern und Texten zeigt.

Was hat uns am meisten überrascht? Je mehr wir uns der Gegenwart näherten: Selbst heute fällt es vielen sehr schwer, die Einzigartigkeit jedes Menschen zu akzeptieren und sie als Chance zu begreifen. Wir fragten uns: Handeln und denken wir heute wirklich anders als früher? Leben wir nicht in einer Welt, die geschaffen ist für Rechtshänder?

Was sagt jede einzelne der 8 Spürnasen zum Projekt?

➥ „Früher war es nicht so toll, Linkshänder zu sein, aber heute ist es ganz normal, Linkshänder zu sein. Ich finde, dass es ganz normal ist, weil die Linkshänder können ja gar nichts dafür." [Kai]

➥ „Ich finde, dass Linkshänder keine schlechten Menschen sind. Jeder Mensch ist anders." [Lisbeth]

➥ „Ich finde toll, dass Linkshänder nicht mehr fies behandelt werden. Heutzutage gibt es viele Sachen extra für Linkshänder (Dosenöffner, Scheren, usw.)." [Paul]

➥ „Früher wurden Linkshänder ja schlechtgemacht, jetzt werden sie nicht anders als wir behandelt. Ich find', man kann Linkshänder genauso wie Rechtshänder behandeln." [Lea]

➥ „Warum soll man einen Unterschied zwischen Rechts- und Linkshändern machen? Wir sind doch alle gleich oder auch irgendwie jeder anders." [Svenja]

➥ „Ich probier jetzt auch mal aus, mit links zu schreiben." [Tobias]

➥ „Dass früher Menschen schlechter behandelt wurden und heute alle Menschen gleich behandelt werden." [Alexandra]

➥ „Jeder ist so, wie er ist." [Jinan]

Was ist unsere wichtigste gemeinsame Erkenntnis? Die Geschichte der Linkshänder zu erforschen, heißt auch uns selbst zu entdecken.

Und was meinst du?

Schon gewusst?
Spannende Linkshänder-Fakten

 Etwa 15 Prozent der Menschen auf der Welt sind Linkshänder. Das ist unabhängig von allen Kulturen so.

 Seit 1976 gibt es sogar einen Linkshändertag. Dieser wird alljährlich am 13. August begangen.

 In manchen Sportarten haben Linkshänder Vorteile. Zum Beispiel beim Handball. Als rechter Flügelspieler wirft ein Linkshänder aus einem besseren Winkel auf das Tor.

 Meistens sind Linkshänder auch Linksfüßer, aber das ist nicht immer so. Ausnahmen bestätigen die Regel.

 Im alten Japan durfte sich ein Mann von seiner Frau scheiden lassen, wenn er herausfand, dass sie Linkshänderin war.

 Polo dürfen Linkshänder nur rechtshändig spielen, da alle Spieler ihre Sticks so halten müssen.

 Manche Linkshänder können spontan und ohne Anstrengung Spiegelschrift schreiben. Man nennt das das Leonardo-Phänomen. Frau Raab, unsere Zeitzeugin, hat das in der Klasse vorgemacht.

 Unter den letzten fünf US-Präsidenten gab es auffällig viele Linkshänder, nämlich vier: Ronald Reagan, George Bush (Senior), Bill Clinton und Barack Obama.

Anregungen für Lehrer aus didaktischer Sicht

Der Geschichtswettbewerb 2014/2015 „Anders sein. Außenseiter in der Geschichte" bietet zahlreiche Chancen und Möglichkeiten, eine historische Wissensvermittlung fern eines klassischen, instruierenden Unterrichtsmusters anzubahnen.

Dieser Wettbewerb ermöglicht nicht nur die Förderung fachspezifischer Kompetenzen. Auch organisatorisches Handeln sowie soziale Fähigkeiten und Fertigkeiten sind nötig, um gute Forschungsergebnisse zu erlangen.

Zunächst sollten auf Seiten des Tutors, welcher als begleitende und beratende Instanz die Heranwachsenden in ihrem Vorhaben unterstützt, folgende Komponenten in Absprache mit der Projektgruppe berücksichtigt werden: Thematik, Methodik, Zusammensetzung der Gruppe sowie zeitliche Organisation.

Ein solches Projekt fördert und fordert ein eigenständiges sowie verantwortliches Handeln der Heranwachsenden. Um eine bestmögliche Basis für ein handlungsorientiertes Vorgehen zu schaffen, ist es wichtig, ein reales, lebensweltliches Problem oder eine solche Thematik in den Fokus des Projekts zu rücken.

Die erarbeitete und formulierte Fragestellung muss keinesfalls die große Geschichte herausragender Persönlichkeiten tangieren, sondern soll regionale und lokale oder biografische Bezüge aufweisen und damit die Vergangenheit be-greifbar machen. Besonders, wenn die Mädchen und Jungen sich eigenständig die aufzubereitende Thematik wählen, scheint diese von unmittelbarer Relevanz gekrönt zu sein.

Ein solches Projekt akzentuiert ein nachhaltiges und anregendes voneinander und miteinander forschendes sowie entdeckendes Lernen. Im Hinblick auf die stetig wachsende Heterogenität in den Klassenzimmern ist positiv hervorzuheben, dass jeder Schüler mit seiner Individualität – den jeweiligen Stärken, aber auch Schwächen – zum Gelingen des Vorhabens beitragen kann. Individuelles Vorwissen und Vorerfahrungen können integriert werden.

Nach der abgeschlossenen Themensuche sollte gemeinsam ein Cluster zur Quellensuche erstellt werden. Auch hier fungiert der Lehrer/Tutor als beratende Instanz. Quellen stellen einerseits verschiedene Textarten – beispielsweise Urkunden, Lieder, Zeitungsartikel, Briefe und Dokumente – dar. Ferner bietet es sich an, die Recherche auf Fotos und andere bildliche Darstellungen sowie gegenständliche Quellen (Denkmäler, Häuser, Münzen) auszuweiten.

Als Tutor ist es wichtig, darauf zu achten, möglichst viele Sinne der Heranwachsenden anzusprechen. Dies stärkt die Motivation.

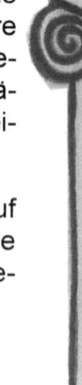

Zahlreiche Institutionen wie Archive und Museen können bei der Suche nach passenden Dokumenten helfende Instanzen darstellen.

Die Begegnung mit einem Zeitzeugen kann zu einem tiefgreifenden Erfahrungsaustausch zwischen Schüler und Gesprächspartner führen sowie einen Perspektivenwechsel initiieren.

Dennoch ist stets ein quellenkritisches Vorgehen nötig. Die Auswertung der gesammelten Quellen sowie deren kritische Reflexion und Interpretation sind wichtiger Bestandteil der Projektarbeit.

Mögliche Hürden und Rückschläge, die sich in dieser Phase anbahnen können, sollen keinesfalls als Scheitern definiert, sondern als Chance angesehen werden.

Abschließend stellt sich die Frage nach einer schlüssigen Aufbereitung der gesammelten Forschungsergebnisse. An dieser Stelle rücken individuelle Präferenzen der Heranwachsenden in den Fokus. Denkbar wäre beispielweise die Aufnahme eines Hörspiels, das Drehen eines Filmes oder das

Schreiben eines Buches, wie in unserem Fall.

Die Teilnahme am Geschichtswettbewerb bietet die Möglichkeit, fern von konstruierten Unterrichtssituationen nachhaltig historische Kompetenzen zu fördern und zu fordern. Hierbei kann der Schwerpunkt auf verschiedene Dimensionen gerichtet werden. Beispielsweise auf das Temporal-, das Historizitäts-, das moralische oder das Identitätsbewusstsein.

Abschließend bedarf es der Anmerkung, dass jede Jahrgangsstufe am Geschichtswettbewerb teilnehmen kann und sollte. Auch die Grundschule sollte eine mögliche, aber unnötige Scheu und Distanz gegenüber solchen Konzepten abbauen.

Danke

Das machen wir doch mit links ...

Von wegen!

Ohne die tatkräftige Unterstützung zahlreicher helfender Hände wäre das Projekt links liegen geblieben. An dieser Stelle möchten wir uns bei all denjenigen bedanken, die uns auf der Mission Zeitreise begleitet haben.

Ganz besonders gilt dieser Dank Frau Hecht, die ihre eigenen Erinnerungen an die Linkshändigkeit für unser Projekt hat aufleben lassen und stets Zeit und Raum für uns Spürnasen bot.

Ohne die Unterstützung und das Einverständnis der Rektorin, Frau Mischko, sowie den Rückhalt der Spürnasen-Eltern wäre das Projekt nicht zustande gekommen.

Wie fühlt es sich tatsächlich an, anders zu sein? – Nur unsere Zeitzeugen konnten uns diese Frage beantworten. Herzlichen Dank für die tiefgreifenden und sehr persönlichen Erfahrungen, welche wir mit Ihnen und Euch teilen durften!

Danke für das offene Ohr sagen wir Frau Sattler, unserer Expertin (Erste deutsche Beratungs- und Informationsstelle für Linkshänder und umgeschulte Linkshänder e.V.).

Aus Sicht der Betreuerin kommen noch einige Unterstützer hinzu:

Dazu beigetragen, dass dieses Buch so ist, wie es ist, hast du, Nathalie. Vielen Dank, dass du mich unermüdlich in die wundersame Welt von Photoshop eingeführt hast!

Ein großes Dankeschön auch an Andrea für die Spürnasenüberraschung, Hannah und Linda für die liebevolle moralische Unter-

stützung und ganz besonders meiner Familie – ich weiß, ich bin ein klein bisschen verrückt!

Frau Wolter und Frau Oblasser danke ich für die Zeit, Mühe und Liebe, die sie in die Buchmission „Acht Spürnasen auf Zeitreise" investiert haben! Ohne die ermutigenden Worte, Tipps und Tricks wäre ich in der großen Bücherwelt zwischen Vergangenheit, Gegenwart und Zukunft verloren gegangen.

Und natürlich, am wichtigsten: Vielen Dank, liebe Spürnasen – Paul, Lisbeth, Kai, Lea, Alexandra, Tobias, Jinan und Svenja! Es hat mir sehr viel Spaß gemacht, euch auf der spannenden und interessanten Zeitreise, stetig auf der Suche nach der linken Hand, begleiten zu dürfen. Ihr seid ein unschlagbares Team! Meine Spürnase kitzelt noch heute!

Auch allen nun in der Grübelei des Moments leider vergessenen helfenden Händen ein herzliches Dankeschön!

Was einem so einfällt, wenn man an "anders schreiben" denkt.

Übrigens: „Taubstumm" stimmt gar nicht, haben wir Spürnasen im Projekt gelernt. Die Gebärdensprache ist eine vollwertige Sprache. Seinen Mund braucht man dafür zwar nicht, dafür aber ausdrucksstarke Hände.

Im Projekt wurde jede(r) zum Experten ...

... und informierte die anderen Spürnasen über ihre/seine Epoche. Und immer erinnerte der Bundespräsident an die Idee vom Geschichtswettbewerb.

Hinter den Kulissen

Vielleicht hast du gelesen, dass unsere Betreuerin mit einem Computerprogramm gearbeitet hat, mit dessen Hilfe man Menschen ausschneiden kann. Denn natürlich sind wir nicht einfach so in die Bilder gesprungen.

Aber sieh doch mal, wie wir vor dem Ausschneiden ausgesehen haben! Meist gab es mehrere Aufnahmen zur Auswahl.

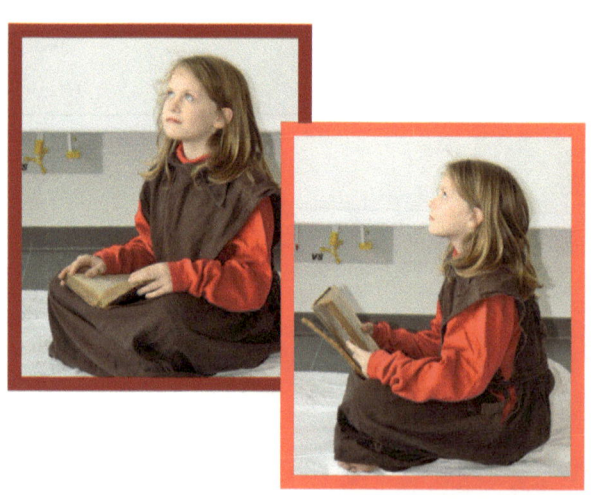

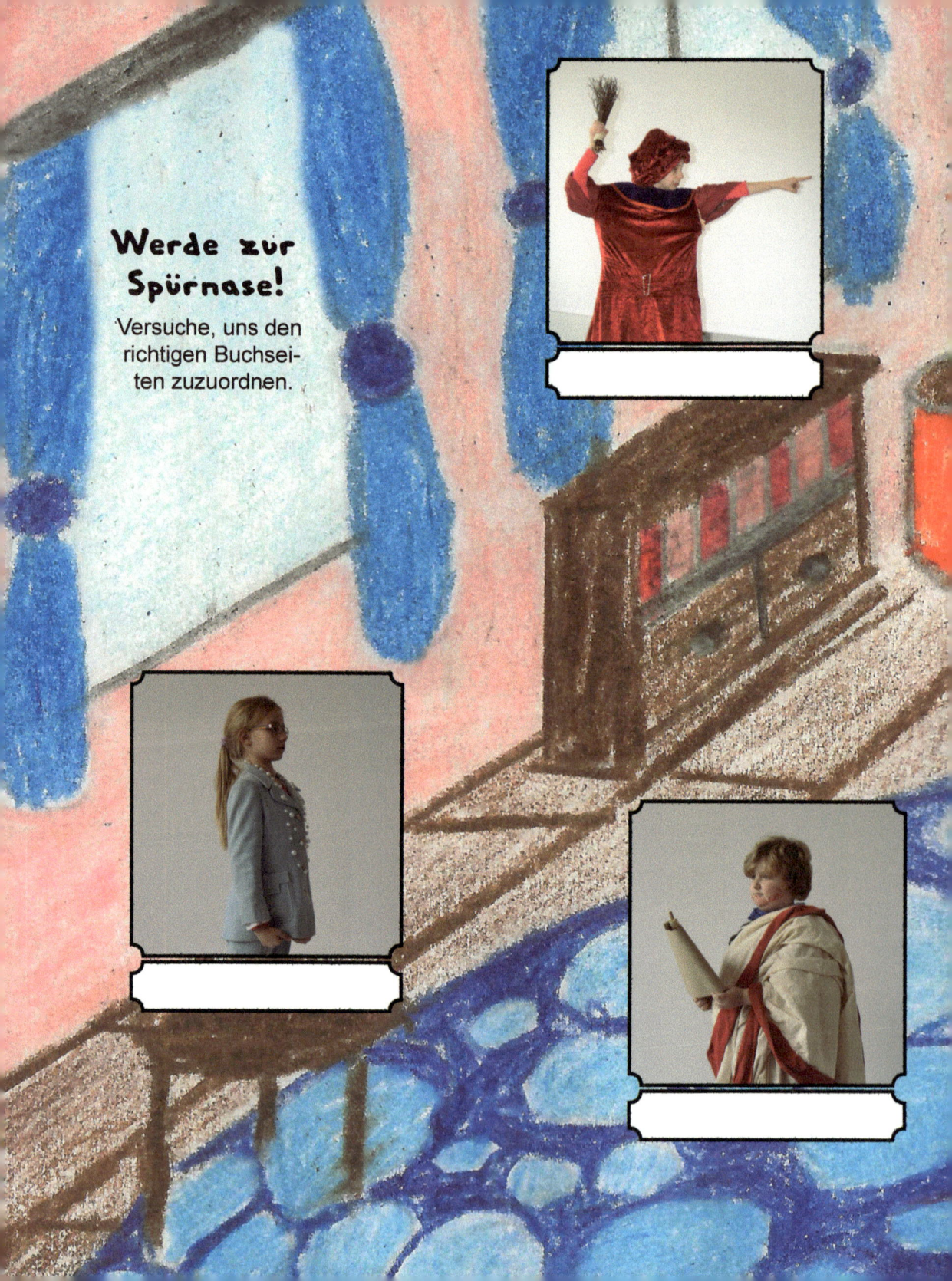

Werde zur Spürnase!

Versuche, uns den richtigen Buchseiten zuzuordnen.

Zeichne dich selbst ...*

... und fühle dich wie im alten Ägypten!

* auf ein weißes Blatt Papier und schneide dich dann aus. Du kannst aber auch ein Foto von dir ausschneiden.

... wie in der Antike!

... wie im Mittelalter!

DIE GESCHICHTE VON DER LINKEN HAND

... wie in der Renaissance!

... wie in der DDR!

Deine Zeit-
reisemaschine

Johannes Taschner
Andrea Cornelius

unter Mitarbeit der Klasse 5 des Comenius-Gymnasiums in Düsseldorf

Die Josefsgeschichte
Von Kindern für Kinder erzählt und gezeichnet

Mit Anleitungen für eine kreative Schreib- und Theaterwerkstatt

edition riedenburg

Kinder sind großartige Geschichtenerzähler!

Wie also erzählen sich Kinder die Bibel?

Der evangelische Religionskurs der Klasse 5 des Comenius-Gymnasiums in Düsseldorf hatte die Aufgabe, die Josefsgeschichte in eigene Worte zu fassen. Dabei stellte sich heraus, dass die Schülerinnen und Schüler den Nacherzählungen ihrer Klassenkameraden mit einer bislang nicht gekannten Intensität lauschten.

In Kooperation mit den Kunstkursen dieser Jahrgangsstufe waren sie darüber hinaus eingeladen, ihren eigenen inneren Vorstellungen von den biblischen Figuren Ausdruck zu verleihen. Alle hatten ihre Freude an den entstandenen Texten und Bildern – und die Idee, ein Bibelbuch von Kindern für Kinder zu machen, entfachte ein Feuer der Begeisterung.

Weder Kunsthistoriker noch Reisejournalisten waren hier am Werk, sondern Schüler eines Gymnasiums. Ihnen war am wichtigsten, dass Geschichte nicht namenlos bleibt. Darum ist das Buch auch kein vollständiger chronologischer Durchgang, sondern eine Auswahl von zehn Stationen der Regensburger Geschichte zwischen 179 n.Chr. und 2012.

Lange war das Thema KZ in Obertraubling und Neutraubling ein Tabu. Nun hat sich ein Schulprojekt dieses dunklen Flecks in der Geschichte beider Orte angenommen. Ehemalige Häftlinge, die noch heute in den USA leben, halfen zudem, ein umfassendes Bild des Lagers zu zeichnen. Im Fokus steht auch die schwierige Erinnerungskultur in den betroffenen Gemeinden.

Ausgezeichnet mit dem Zweiten Preis des Simon-Snopkowski-Preises

„Uff dem Hamer" sagte man, wenn man im Hammerwerk tätig war, und zum „Hamer" gehen die Menschen noch heute, wenn sie ihren Arbeitsplatz im Walzwerk Eichen der ThyssenKrupp Steel Europe aufsuchen. Wenn auch der Name umgangssprachlich geblieben ist: Die Arbeitswelt hat sich radikal gewandelt. Von diesen Veränderungen berichten im Buch langjährige Mitarbeiter, aber auch neu hinzugekommene Arbeiter des Werks. Die SchülerInnen des Projektkurses untermauern ihre Aussagen durch Archiv-Recherchen und Forschungsergebnisse. Herausgekommen ist eine spannende Reise durch die Geschichte des Arbeitens, reich bebildert mit bisher unveröffentlichten historischen Fotografien zur Werksgeschichte.

Alle unsere Titel erhalten Sie im
deutschsprachigen (Internet-)
Buchhandel und unter

editionriedenburg.at